Linda Schellendorff
Ponyhof Glücksklee
Ponyferien mit Jolly

Linda Schellendorff

liebte schon als Kind Pferde und Abenteuer. Am liebsten streifte sie mit ihren Freundinnen durch den Wald, oder sie dachte sich Geschichten aus. Kein Wunder also, dass in ihren Büchern beste Freundinnen und Pferde die Hauptrollen spielen.

Isabelle Metzen

zeichnet, seit sie einen Stift in der Hand halten kann – also eigentlich schon immer. Nach ihrem Diplom in Design an der FH Münster hat sie sich selbstständig gemacht und illustriert jetzt leidenschaftlich Kinder- und Jugendbücher. Zu ihren Lieblingsmotiven zählen ihre beiden Katzen.

Linda Schellendorff

Ponyhof Glücksklee
Ponyferien mit Jolly

Mit Illustrationen von Isabelle Metzen

Arena

1. Auflage 2018
© Arena Verlag GmbH, Würzburg 2018
Alle Rechte vorbehalten
Einband und Illustrationen: Isabelle Metzen
Gesamtherstellung: Westermann Druck Zwickau GmbH
ISBN 978-3-401-71333-5

www.arena-verlag.de

Inhalt

Aus Regen wird Sonne

Emma schlägt ein Auge auf und blinzelt in ihr Zimmer. Irgendetwas scheint anders zu sein heute Morgen.

»Pferdeäpfel, Sonnenschein und dann mit mir im Wald allein. Ja, so kann ich richtig glücklich sein. Pferdeäpfel, Sonnenschein … – Guten Morgen, Emma!«, flötet Pippi Langstrumpf, Emmas Gedankenschwester.

»Kannst du nicht mal *richtig* singen, Pippi?«, fragt Emma.

11

»Nö. Richtig kann doch jeder«, flappst Pippi zurück. »Hast du eigentlich schon bemerkt, dass es nicht mehr regnet?«

»Wirklich, Pippi?« Emma wirft ihrer Gedankenschwester auf dem Poster an der Wand einen Luftkuss zu, rutscht aus dem Bett und flitzt zum Fenster. Und tatsächlich: Der ganze Ponyhof strahlt in hellstem Sonnenschein. Schwalben schießen auf der Suche nach Frühstück durch den Himmel, und ein paar Pfützen im Hof reflektieren wie Spiegel das Licht. Kätzchen Minka, das vor drei Tagen im strömenden Regen plötzlich vor der Tür kauerte, macht Hofhund Pascha sein Futter streitig. Aber der gute Pascha lässt es sich seelenruhig gefallen.

Emma poltert die Treppe hinunter und rennt quer über den Hof in den Pferdestall.

»Es hat aufgehört zu regnen, Jolly!«

Aber da ist keine Jolly. Auch Luke und die beiden Shetlands sind verschwunden. Emma rennt um den Stall herum zum Paddock. Da sind sie ja alle: Die geliebten Haflinger Jolly und Luke, Fohlen Glücksstern und die zerzausten Shettys. Der kleine Glücksstern wurde genau zu Emmas letztem Geburtstag geboren. Deshalb hat sie ihn von Papa und Opa geschenkt bekommen. Allerdings wird es noch einige Jahre dauern, bis Emma ihn endlich reiten kann.

Die Ponys knabbern gelangweilt am duftenden Heu, das Opa Felix bereitgestellt hat.

»Wir können wieder ausreiten, Jolly!«, jubelt Emma ihrer geliebten Stute entgegen. »Es regnet nicht mehr!«

Aber Jolly schnaubt nur ungehalten, als wolle sie sagen: »Wird aber auch Zeit.«

Gut gelaunt saust Emma in ihr Zimmer zurück. Seit Tagen hat sie keine Reitersachen mehr angehabt. Denn sieben lange Tage hat es ununterbrochen geregnet. Sieben ewig lange Tage musste sie im Haus bleiben und ihren schlecht gelaunten Bruder ertragen. Als ob Emma den Regen bestellt hätte!

In Windeseile ist Emma umgezogen. Fehlen nur noch die Reitstiefel, die unten im Flur stehen. In Reitermontur poltert sie in die Küche, wo Opa Felix an der Spüle lehnt und telefoniert.

»… Ja, Herr Franke, ich denke, wir werden das schaffen. Wann wollen die Kinder kommen? – Gut. Wenn einige von ihnen im Heuhotel übernachten können, müsste es gehen«, beendet Opa Felix das Gespräch und wuschelt Emma zufrieden die Haare.

»Wir sind ab Ende des Monats ausgebucht, Emma. Was sagst du dazu? Wenn es weiter so gut läuft, können wir uns bald ein fünftes Pferd leisten. So lange müssen wir noch mit unseren vier Schätzchen zurechtkommen. Eng wird es schon. Nicht auszudenken, wenn eines der Pferde ausfallen würde.«

»Überraschung!«, tönt es plötzlich hinter Emma.

Sie schnellt herum und ein breites Lächeln zaubert sich auf ihr Gesicht.

Im Türrahmen steht Viola, Emmas beste Freundin, bereit zu einem Ausritt.

»Kannst du hellsehen, Viola?«, fragt Emma übermütig. »Ich wollte dich gleich anrufen und fragen, ob du nicht ein bisschen ausreiten willst.«

Kurz darauf zuckeln die Mädchen auf den Rücken ihrer Pferde gemütlich über die Dorfstraße. Ein paar letzte Regentropfen funkeln wie Diamanten im Gras. Nach der Brücke über den Bach wechseln sie gleichzeitig in den Trab und geben Gas.

»So ein Regen hat auch Vorteile!«, ruft Viola ihrer Freundin zu. »Er lässt den Staub verschwinden.«

Ein traumhafter Rappe ist Violas Pablo. Sein schwarzbraunes Fell glänzt wie geölt. Leicht zu reiten, ist er allerdings nicht. Viola kann den feurig ziehenden Pablo kaum im Zaum halten. Gegen Pablo macht ihre Jolly heute einen richtig lahmen Eindruck. Sie trabte zwar eben bereitwillig an, fiel im Wald jedoch eigenwillig in den Schritt zurück. Auf Emmas Hilfen reagierte sie nicht mehr. Und jetzt bleibt sie auch noch stehen, um Gras zu fressen.

»Was ist los mit dir, Süße?«, fragt Emma besorgt und streichelt Jollys Hals. Die Ohren der Stute wenden sich ihr aufmerksam zu, aber von Hilfen will sie nach wie vor nichts wissen. Emma gibt sich geschlagen und lässt Jolly ein bisschen gewähren. Nach einigen Minuten zieht sie die Zügel wieder an und macht Druck mit den Schenkeln.

Viola ist mit Pablo längst über alle Berge. Fragt sich nur, wer hier mit wem ausreitet. Viola mit Pablo oder Pablo mit Viola?

Arme Jolly

In der Nähe der Stelle, wo Jolly vor einiger Zeit
in sumpfiges Gelände geraten war, wird Jolly
nervös. Sie tänzelt auf der Stelle, wiehert und
macht Anstalten umzukehren. Sie scheint sich
noch genau an den schlimmen Nachmittag zu
erinnern. Aber Emma gibt ihr entschlossen
Hilfen und Jolly gehorcht. Als sie nach gut
zwanzig Minuten den Wald verlassen,
hat Viola es sich längst auf einem
Baumstumpf am Waldrand gemütlich
gemacht. Pablo hat noch immer
nicht genug und scharrt
ungeduldig mit den Hufen.

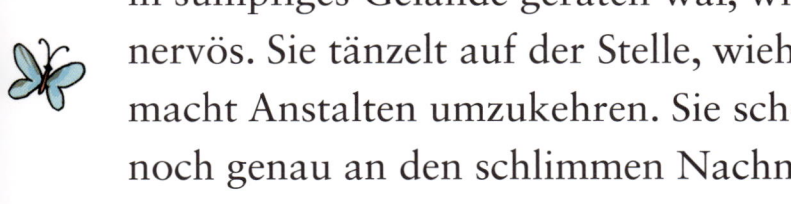

Viola sieht sofort, dass etwas nicht stimmt. Emma steigt ab und schaut Jolly besorgt an. Als die Mädchen die merkwürdigen Atemgeräusche hören, merken sie auf. Jetzt fängt Jolly auch noch an zu husten. Viola tritt dicht an die Stute heran und horcht. »Sie hat Probleme mit der Atmung, Emma. Schau mal, wie stark sich Jollys Seiten bewegen. Das könnte Asthma sein.«

»Asthma? Das klingt ja schrecklich!« Emma stockt das Herz.

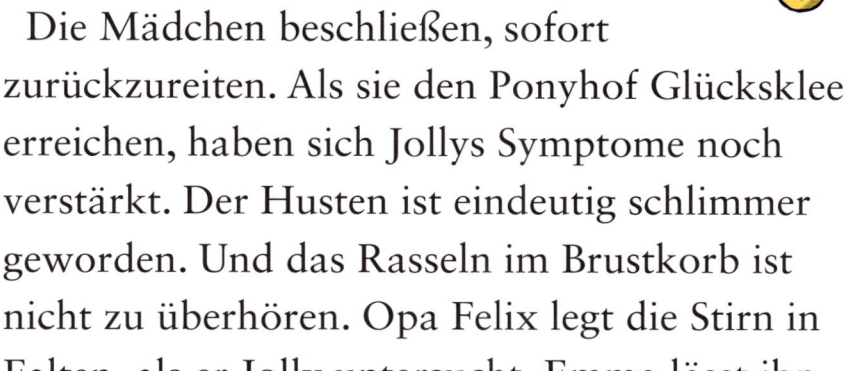

Die Mädchen beschließen, sofort zurückzureiten. Als sie den Ponyhof Glücksklee erreichen, haben sich Jollys Symptome noch verstärkt. Der Husten ist eindeutig schlimmer geworden. Und das Rasseln im Brustkorb ist nicht zu überhören. Opa Felix legt die Stirn in Falten, als er Jolly untersucht. Emma lässt ihn nicht aus den Augen.

»Jollys Lunge ist nicht in Ordnung. Ich werde den Tierarzt rufen«, sagt er schließlich mit nachdenklicher Miene.

Die Stimmung beim Abendbrot ist gedrückt.

»Der Tierarzt meinte, dass Jolly auf etwas allergisch reagiert«, erklärt Emma Papa und Ben, die in der Stadt neues Zaumzeug gekauft haben. Sie könnte losheulen vor Sorge.

»Die lange Zeit im Stall ist ihr wohl auf die Lunge geschlagen«, ergänzt Opa Felix.

»Wahrscheinlich hat die anhaltende Luftfeuchtigkeit die Entwicklung von Schimmelpilzsporen gefördert. Darauf scheint Jolly zu reagieren. Der Tierarzt meinte, wir sollen sie viel an der frischen Luft lassen. Medikamente hat er vorausschauend schon mitgebracht.«

Nachdenklich zwirbelt Opa Felix seinen Bart. »Jolly muss ein paar Tage ans Meer«, beschließt er dann. »Die salzige Luft dort wird sie wieder in die Spur bringen. In der Zwischenzeit säubern und lüften wir gründlich die Stallungen. Jolly muss unbedingt wieder gesund sein, wenn die Reiterkinder aus Hamburg kommen. Ohne Jolly geht es nicht.«

»Na super, Ponyferien am Meer!«, mosert Ben los. »Für unsereinen fehlt das Geld, aber die lieben Gäule kriegen alles hinten reingeschoben.«

»Kannst du nicht einfach mal die Klappe halten?«, faucht Emma ihren Bruder an. Sie könnte ihn in den Boden stampfen. »Wenn du mal dein Gehirn einschalten würdest, wäre dir längst klar, dass unser Leben hier ziemlich doll mit der Gesundheit unserer Pferde zusammenhängt. Ohne die verdienen wir nämlich kein Geld. Außerdem hat Jolly Husten und nicht du.«

Papa Olaf und Opa Felix nicken. Dem ist nichts hinzuzufügen.

Als Emma am nächsten Tag von der Schule
kommt, wird sie von ihrem Papa mit ihrem
selbst erfundenen Lieblingsgericht
empfangen: Spaghetti mit Senfsoße
und Eiern. Sogar Pudding gibt
es. Irgendetwas muss da faul sein.

»Hör mal, Emma«, hebt Papa
dann auch zaghaft an. »Du hast ja
gehört, was Opa gestern gesagt hat.
Meeresluft ist bei Atembeschwerden die beste
Medizin. Jolly muss so schnell wie möglich
gesund werden.«

Emma schaut ihren Vater aus schmalen Augen
an. Das war doch garantiert noch nicht alles.

»Aber Opa Felix und ich haben keine Zeit,
uns darum zu kümmern. Wir müssen die Ställe
auf Vordermann bringen, den Zaun ausbessern
und so weiter. Wenn die Feriengäste kommen
muss alles tipptopp sein. Deshalb haben wir
gedacht, dass du vielleicht …«

»Ich?«, ruft Emma entsetzt und springt auf.
»Ich will doch nicht ans Meer! Was soll ich da?
Ich hasse Wellen! Ich muss doch bei Glücksstern
bleiben. Wenn seine Mutter schon ans Meer
muss, wer soll sich denn dann um ihn
kümmern? Außerdem hab ich noch Schule.«

Papa wiegt den Kopf. »Das mit der Schule
habe ich schon geklärt. Weil es sich sozusagen
um einen Notfall handelt, stellt dich die Schule
die letzten Tage frei. Emma, wir brauchen Jolly
dringend als Reitpferd. Ohne Jolly müssen wir
einem Teil der Kinder absagen.«

Emma verschränkt bockig die Arme vor der
Brust.

»Du musst ja auch nicht allein
fahren«, fügt Papa Olaf versöhnlich
an. »Viola darf auch mit.«

Emma reißt verblüfft die Augen
auf: »Wirklich?«

Papa Olaf nickt und erklärt:

»Violas Vater würde euch hinfahren. Seine alte Riga könnte eine Luftveränderung auch gut gebrauchen, die lädt er gleich mit ein.«

»Und Glücksstern? Der wird seine Mama doch vermissen!«, wendet Emma ein.

»Das wird er wohl«, stimmt Papa zu. »Aber er muss eh langsam von seiner Mutter entwöhnt werden. Herr Reinhold will ihn ein paar Wochen in seine Fohlenherde stellen. Dort kann er mit den anderen herumtollen und wird sich sicherlich wohlfühlen.«

Begeistert ist Emma immer noch nicht. Aber für Jollys Gesundheit würde sie alles tun. Alles!

Pferdeurlaub am Meer

Die nötigen Vorbereitungen sind schnell getroffen. Zwei Tage später trifft Herr Reinhold mit den Mädchen und zwei angeschlagenen Pferden auf dem Seereiterhof Jansen ein. Neugierig steigen Emma und Viola aus dem Auto und befreien Jolly und Riga aus dem Pferdeanhänger. Die beiden haben sich während der Fahrt offensichtlich schon angefreundet.

Emma schaut sich um. Der Reiterhof macht einen guten Eindruck. Das Wohnhaus der Jansens ist mit Reed gedeckt und hat eine hübsch bemalte Holztür.

Um den stattlichen Innenhof reihen sich großzügige Stallungen und eine von außen ziemlich schicke Reithalle.

Herr Reinhold steuert die Haustür an und klingelt. Auch beim zweiten Versuch rührt sich nichts. Außer ein paar gackernden Hühnern scheint niemand da zu sein.

Da kommt aus Richtung der Stallungen Bewegung auf. Eine Gruppe farbenfroh gekleideter Mädchen reitet über den Hof. Die Erste von ihnen scheint den Ton anzugeben. Sie hat lange blonde Haare, trägt ein cooles Pailletten-Shirt, dessen Pink und Grün sich im Muster der Satteldecke wiederholen.

»Ganz schön stylisch«, kommentiert Viola.
»Wusste gar nicht, dass die hier auch Western
reiten.«

Emma bestaunt die durchtrainierten Haflinger
und Quarter-Horses.
Prachtvolle Tiere, allesamt.
Und erst die schönen
Westernsättel. Die
Freundinnen schauen den
Mädchen nach, bis sie aus
dem Hoftor verschwunden
sind. Sie selbst hingegen
haben nicht einen
interessierten Blick geerntet.

Als Herr Reinhold zum
vierten Mal energisch klingelt,
öffnet sich mit einem Ruck die
Haustür. Ein vielleicht
vierzehnjähriger Junge schaut die Wartenden
erschrocken an.

Der hat garantiert vorm Computer gehangen, denkt Emma. Mit Jungs in dem Alter kennt sie sich aus …

»Warten Sie etwa schon lange hier?«, fragt der Junge Violas Papa.

Emma findet ihn ganz süß mit seinen dunklen Haaren und dem Pferdekopf-Sweater.

»Ich habe die Tränken auf der Koppel gefüllt und völlig die Zeit vergessen«, entschuldigt sich der Junge. Viola und Emma werfen sich einen vielsagenden Blick zu.

»Ich bin Jerome. Meine Mutter lässt sich entschuldigen. Sie ist noch in der Tierklinik.«

Jerome führt die Pferde in einen großzügigen Offenstall mit Auslauf. Schon nach den ersten Schritten fängt Jollys Lunge an zu pfeifen. Auch ein Rasseln ist wieder zu hören. Emma schießen die Tränen in die Augen.

»Keine Sorge«, bemerkt Jerome aufmerksam. »Asthma-Pferde haben wir recht häufig. Die

30

Kleine wird schon wieder. Nur gut, dass ihr gleich zu uns gekommen seid und nicht erst lange gewartet habt.« Zum x-ten Mal befördert er eine vorwitzige Haarsträhne aus seiner Stirn zurück. Viola schaut Jerome verträumt an. Dabei hat sie doch sonst einen ganz anderen Geschmack.

»Lasst eure Pferde heute bitte total in Ruhe. Sie müssen sich erst an das neue Umfeld gewöhnen«, bittet er die Mädchen. »Noch besser wäre, wenn ihr sie die ganze Woche nicht reiten würdet.«

Emma bläht empört die Wangen, als Jerome auch gleich grinsend einlenkt: »Schon gut. Ich sehe, damit komme ich bei euch nicht durch. Morgen sehen wir weiter. Einverstanden? Ich zeig euch jetzt schnell noch das Zimmer. Dann müsst ihr erst mal alleine klarkommen. Wir treffen uns in einer Stunde auf dem Hof, okay?« Er legt Jolly noch nasses, staubbefreites Heu vor, damit ihre Lunge nicht noch zusätzlich belastet wird. Emma fasst sofort Vertrauen. Bei Jerome scheint Jolly in guten Händen zu sein.

Als Violas Papa abgefahren ist, begutachten die Mädchen ihr schnuckeliges Zimmer. Es ist im Dachgeschoss. Sein Fenster liegt zur Koppel hin. Auf dem kleinen Tisch steht eine Vase mit Blumen.

»Nicht übel«, findet Emma. Schwungvoll rollt sie das Pippi-Langstrumpf-Poster auf, ohne das sie nicht einschlafen kann. Viola schaut amüsiert dabei zu, wie sie es liebevoll über dem Kopfende ihres Bettes befestigt.

»Und? Was machen wir jetzt?«, fragt Emma unternehmungslustig und reckt die Arme.

»Fragst du Pippi oder mich?«, flappst Viola. Sie hat keine Ahnung von dem Geheimnis zwischen den beiden. »Ich schlage vor, wir begrüßen erst einmal die Nordsee. Die Pferde sollen wir eh in Ruhe lassen.«

Ohne Emmas Meinung abzuwarten, schlüpft sie in ihren blau-rosa Badeanzug.

Emma staunt, dass Viola sich überhaupt nicht vor ihr schämt. Sie selbst hat keinen Badeanzug eingepackt. Wozu auch? Sie würde ihn ja eh nicht benutzen. Dabei schwimmt Emma gar nicht mal so übel. Darauf verzichten kann sie trotzdem.

Viola wirft sich ein mit wunderschönen Muscheln bedrucktes Badehandtuch über die Schultern und fordert Emma mit einer Kopfbewegung auf, ihr zu folgen.

Der Strand liegt etwa fünfzehn Minuten vom Hof der Jansens entfernt. Auf der kleinen Küstenstraße ist nicht viel los. Violas Badehandtuch flattert im Wind, und Emma leckt sich über die salzigen Lippen. Etwas weiter vorne macht sich eine junge Frau am Wegrand zu schaffen. Immer wieder bückt sie sich und stopft etwas in einen blauen Müllsack.

Emma wedelt mit der Hand vor ihrem Gesicht herum. »Ich glaube, die tickt nicht ganz sauber.«

»Ich glaube eher, die *macht* sauber«, hält Viola dagegen.

Ufo unter Nordseewolken

Mit vom Wind zerzausten Haaren biegen die Mädchen in den erstbesten Trampelpfad ein, der sich durch die Dünen schlängelt. Nur, wo ist das Meer? Abgesehen von ein paar gleißend hellen Wasserbändern ist das Meer verschwunden.

»Ebbe«, stellt Viola fest und zieht einen Flunsch. »Das war's dann wohl mit Schwimmen.«

Emma zuckt gleichgültig mit den Schultern. Ihr kann es ja nur recht sein.

Viola weist nach links. »Guck mal, Emma. Dahinten ist das Holzpodest, von dem Papa erzählt hat. Das muss der Badestrand mit Aufsicht sein.«

Herr Reinhold hatte den Mädchen eingeschärft, nur an bewachten Stränden ins Wasser zu gehen. Das mussten sie ihm versprechen. Das Wattenmeer hat schließlich so seine Tücken.

Emma schleudert ihre nagelneuen roten Sandalen von den Füßen und gräbt die Zehen tief in den weichen Sand. Die Möwen über ihren Köpfen machen einen ohrenbetäubenden Lärm. Ob die sich auch über die Ebbe ärgern?

Emma untersucht einen glibbrigen Haufen Seetang, in dem sich kleine Holzstücke und Reste von einem blauen Plastiknetz verfangen haben. Ob es hier wohl Bernstein gibt? Dann sammelt sie ihre Sandalen auf, macht einen Luftsprung und rennt über den feuchten Sand.

»Los, komm, Viola! Wir suchen Muscheln!«, schlägt Emma vor und atmet tief ein. Die Luft schmeckt richtig nach Meer. Die wird Jolly bestimmt schnell gesund machen!

»Schau mal, Viola, hier ist jemand geritten! Das ist bestimmt der Reiterstrand!«

»Das waren mehrere«, stellt Viola Sherlocka Holmes fest, als sie Emma eingeholt hat. »Die müssen hier im vollen Galopp entlanggeprescht sein.«

Emmas Augen leuchten. »Das machen wir morgen auch, Viola!«, verkündet sie strahlend.

Aber Viola gibt zu bedenken, dass da noch jemand ein Wörtchen mitzureden hat: Jerome.

Abenteuerlustig stapfen die Mädchen am Rand des Watts entlang. Immer der Nase nach. Emma begutachtet begeistert das Strandgut, das vom Meer angespült worden ist: geheimnisvolle Tiere aus Holz, unterschiedlich geformte Muscheln und ein Gummihandschuh. Wer den hier wohl verloren hat?

»Wahrscheinlich von einer Notoperation auf einem Kreuzschiff«, fantasiert Emma. Dafür braucht man Gummihandschuhe. Da bemerkt Viola ein helles Flugobjekt am Himmel. »Guck mal, ein Ufo, Emma!« Die Mädchen schirmen die Augen vor der Sonne ab und beobachten, wie das weiße Ding ins Watt hinausfliegt. Mit jeder Sekunde wird es kleiner, bis es schließlich nur noch ein klitzekleiner weißer Punkt ist.

Etwa drei Stunden später trudeln die Freundinnen wieder auf dem Reiterhof ein. Jerome schiebt gerade eine Schubkarre mit Putzzeug über den Hof. Die Mädchen bleiben wie angefroren stehen. Jerome! Den haben sie ja ganz vergessen!

»Meine Führung durchs Gelände habt ihr ja nun leider verpasst«, begrüßt er die Mädchen. »Ich persönlich halte mich ja an Verabredungen. Ihr eher nicht, oder?«

Emma und Viola ziehen schuldbewusste Mienen.

»Entschuldigung«, sagt Emma kleinlaut. »Es war so schön am Strand, da haben wir alles andere vergessen.«

»Wir haben sogar ein Ufo gesehen«, bestätigt Viola.

Jerome winkt müde ab. »Klar, ein Ufo.« Er stellt die Schubkarre ab und verschwindet in der Sattelkammer. Die Mädchen folgen ihm zögerlich. In der Sattelkammer gibt es ein Wiedersehen mit den prachtvollen Sätteln und Satteldecken der Westernreiterinnen. Nebeneinander aufgereiht hängen sie an der Wand.

»Toll, dass man bei euch auch Westernreiten kann«, versucht Viola, die Stimmung zu heben. Jerome schnappt sich wortlos einen stumpf aussehenden Ledersattel und beginnt, ihn einzufetten.

»Macht ihr da auch Einführungen?«, fragt
Emma Jerome.

Jerome schaut die Mädchen versöhnlich an
und legt den Sattel beiseite. »Na okay, dann
kommt mal mit. Die Arbeit läuft mir ja nicht
weg.«

Gemeinsam gehen sie zum Paddock. Jerome
wählt ein karamellbraunes, mittelgroßes
Quarter Horse, führt es in die Reithalle und
sattelt es. Viola darf als Erste aufsitzen. Nach

wenigen Minuten ist ihr klar, dass
Westernreiten nicht so einfach ist,
wie sie es sich vorgestellt hat.

Jerome erklärt den Mädchen, dass
Hilfen dabei kaum gegeben werden, vieles läuft

über Kommandos mit dem Mund. Das Pferd
arbeitet viel eigenständiger als beim klassischen
Reiten. Bewegt es sich in einer Gangart, hält es
sie so lange, bis es eine andere Anweisung
bekommt.

Eine ganz schöne Umstellung ist das, findet
Viola. Emma nimmt es ganz anders wahr. Sie
fühlt sich in dem gemütlichen Westernsattel
gleich richtig wohl. Die Kommunikation mit
dem Pferd klappt auf Anhieb. Es hat den
Anschein, als würde es förmlich ahnen, was
Emma will. Die beiden sind sofort ein Team.
Westernreiten scheint Emmas Ding zu sein. Da
trifft es sich vielleicht gut, dass Opa Felix an
die Anschaffung eines neuen Pferdes denkt.

Ein Quarter-Pony, das wäre was. Das würde doch gut zu ihren Haflingern und Shettis passen. Und vielleicht könnte man es von Anfang an auf Westernreiten abrichten.

 Beim Abendbrot treffen Emma und Viola mit den fünf Westernmädchen im Speiseraum zusammen. Zuerst werden sie nur mit Abstand beäugt, dann kommen sie doch ins Gespräch. Die Mädchen sind aus einem Internat bei Hamburg und verbringen eine Projektwoche bei den Jansens.

Wie krass ist das denn?, denkt Emma bei sich. Auf so ein Internat will ich auch! Aber das ist natürlich Quatsch. Ihren Opa und den Ponyhof

Glücksklee würde sie doch nie im Leben verlassen.

Marie-Luise, die blonde Anführerin, hat eine ziemlich große Klappe. Mein Pferd Raul hier, mein Pferd Tanga da … Als ob sie eine ganze Herde besitzen würde.

»Ich glaube, die denkt sich das alles nur aus«, flüstert Emma Viola ins Ohr, als es ihr zu bunt wird. Viola wiegt leise den Kopf. Da ist sie sich gar nicht so sicher.

Nach dem Abendbrot besuchen Emma und Viola ihre Pferde. Endlich. So war es mit Jerome abgemacht. Die Mädchen sind glücklich zu sehen, wie entspannt sie beieinanderstehen. Sie haben gut gefressen und machen einen zufriedenen Eindruck. Das Fiepen in Jollys Lunge ist leider immer noch zu hören. Emma lehnt den Kopf an Jollys Seite und schließt, nun doch bedrückt, die Augen.

Viola kümmert sich derweil rührend um die betagte Riga und streichelt sie mit einer weichen Bürste. »Riga liebt das«, erklärt sie Emma. »Willst du auch mal?« Dabei streicht sie mit der Bürste frech in Emmas Richtung. Emma wehrt jedoch geschickt ab und schon ist alle Traurigkeit verflogen. »Stell dir vor, Emma, Mama hat Riga über zwanzig Jahre geritten. Der Urlaub hier ist ein kleines Dankeschön an sie.«

46

Auch Emma greift nun zum Putzzeug und striegelt gemütlich drauflos. Ein paar Streicheleinheiten können nie schaden. Dann geben sie ihren Vierbeinern eine Portion Getreide-Häcksel und wünschen ihnen zärtlich eine gute Nacht.

Ausritt mit Überraschung

Am folgenden Morgen treffen sich die
Mädchen mit Jerome am Tidenkalender im
Gästehaus. Anfang und Ende der Ebbe sind hier

jeweils genau vermerkt, damit niemand von der
Flut überrascht wird.

»Schaut euch den vor jedem Ausritt genau
an«, bläut Jerome den Mädchen ein. »Nehmt
das wirklich ernst. Wenn das Wasser
zurückkommt, hat sich
schon manch einer nicht
mehr in Sicherheit bringen
können. Vor allem die Priele
können eine enorme

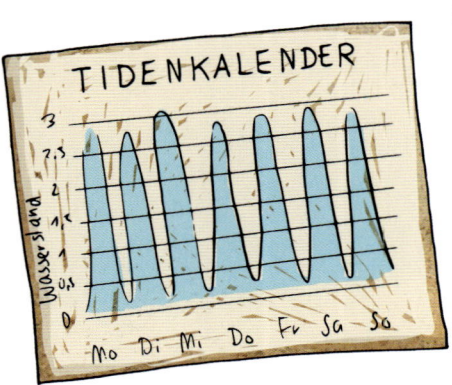

48

Sogwirkung entfalten.« Emma schaut Jerome verträumt an. Er weiß so viel, und seine Stimme ist wie Schokolade …

»Was meint ihr? Wollen wir nachher ein wenig ausreiten? Riga und Jolly könnten es, glaube ich, vertragen.« Die Mädchen strahlen. Was für eine Frage!

Der Zutritt zur Sattelkammer wird von prall gefüllten Müllsäcken versperrt. Die kommen Emma und Viola irgendwie bekannt vor. Als sie die Säcke beiseiteräumen, kommt Jerome mit einem jungen Mädchen aus dem Haupthaus. Untergehakt! Emma schluckt, und Violas Mundwinkel schnellen abwärts. Jerome hat eine Freundin. Im nächsten Moment erkennen sie, dass es die Müllsammlerin vom Vortag ist.

Eine Rolle Mülltüten klemmt unter ihrem Arm.
Das Mädchen drückt Jerome einen Schmatzer
auf die Wange und verlässt dann zielstrebig den
Hof.

Der Ausritt zu dritt wird der Höhepunkt des
Tages. Jerome kennt das Watt wie seine
Westentasche und macht um die kritischen
Stellen einen Bogen. Jolly scheint der weiche
Sandboden unter ihren Hufen Spaß zu machen.
Emma bewegt sie gemütlich im Schritt, um sie
nicht unnötig anzustrengen. Wieder gibt es
Pferdespuren im Sand. Nach wenigen Minuten
stoßen sie auf die Westernpferde der
Hamburgerinnen. Nebeneinander stehen sie
angebunden an einer der Holzbalustraden am
Rande der Dünen. Von den Reiterinnen fehlt
jede Spur.

Jerome und die beiden Mädchen
binden ihre Pferde ebenfalls an und

folgen den Stimmen, die aus den Dünen herbeischwappen. In einer windgeschützten Mulde stoßen sie auf die Westernmädchen. Mit einem Berg Knabberzeug und Pferdemagazinen haben sie es sich gemütlich gemacht.

»Ach, sieh mal einer an!« Jerome sieht aus, als habe er schon Ähnliches vermutet. »Und ich dachte, ihr würdet die Pferde ausreiten. Kein Wunder, dass sie so unausgeglichen sind.«

Die Mädchen nehmen es locker. Als Jerome jedoch die verstreut herumliegenden leeren Chipstüten und Limoflaschen sieht, hört der Spaß für ihn ganz auf. Einen Augenblick lang scheint es, als würde er lospoltern. Seine Kiefer mahlen. Dann macht er kehrt und marschiert zu den Pferden zurück. Emma und Viola heften sich an seine Fersen. Das riecht nach Ärger ...

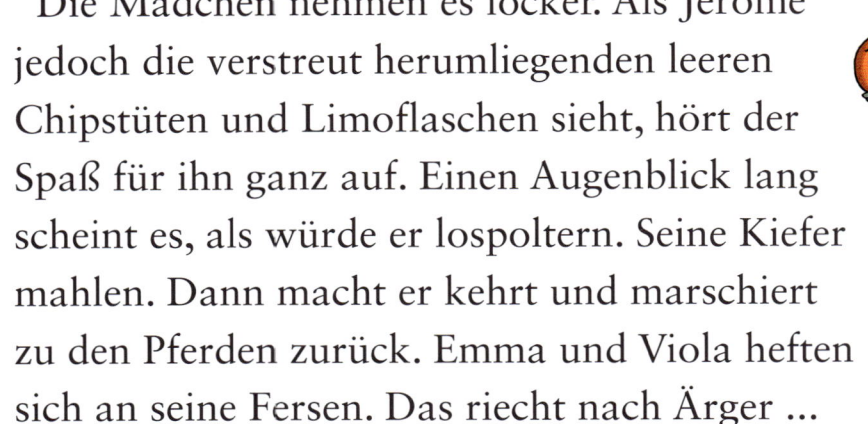

Jerome legt los

Beim Mittagessen verkündet Frau Jansen eine Änderung des Abendprogramms: »Es wird nicht, wie geplant, einen Pferdefilm geben, sondern ihr werdet etwas über den Schutz des Wattenmeeres erfahren«, sagt sie mit fester Stimme. Die Westernmädchen maulen, bis auf Marie-Luise. Der ist das schnuppe.

Als es dann später so weit ist, rutscht Marie-Luise genervt auf ihrem Stuhl herum. Jerome hingegen ist voll in seinem Element.

Leidenschaftlich erklärt er, warum am Strand herumliegender Müll, vor allem Kunststoffmüll, eine Gefahr für Pflanzen und Tiere bedeutet.  »Säugetiere, Vögel und Fische können elend daran zugrundegehen. Sie halten die Plastikteile manchmal für Futter oder können sich darin verheddern. Außerdem lösen sich im Wasser die Weichmacher raus.« Zum Beweis reicht er ein paar traurige Fotos herum. Auf einem ist eine Robbe zu sehen, die sich in einem alten Fischernetz verfangen hat.

»Deshalb darf Plastikmüll nicht einfach liegen gelassen werden«, fährt er fort. »Auch keine Chipstüten und Limoflaschen. Die entsorgt man in die Müllbehälter am Strand.«

Außer Marie-Luise sehen das wohl alle ein. Die versprüht giftige Blicke. Aber Jerome lässt sich von ihr nicht einschüchtern. »Übrigens ist nicht nur herumliegendes Plastikzeug ein Problem, sondern auch Kleidung aus Kunstfasern – alles, was mit Poly… anfängt. Da sind auch Weichmacher drin. Die lösen sich in der Waschmaschine raus, gelangen so ins Abwasser und von dort in die Flüsse und Meere. Dumm ist nur, dass man diese Weichmacher nicht sehen kann. Da sind sie aber trotzdem. Und sie schaden nicht nur Pflanzen und Tieren, sondern letztendlich auch uns Menschen. Das haben Forscher festgestellt.

Weniger schädlich ist Kleidung aus Naturfasern wie Baumwolle, Schafwolle und so«, Jerome schaut in die Runde. »Kauft also lieber solche Klamotten.« Jerome heftet seine Augen auf Marie-Luise und wartet auf eine Reaktion. Aber die kommt nicht. Sie lässt ihn abblitzen.

Viola und Emma tauschen vielsagende Blicke: Das sieht nach Krieg aus ...

Einige Sekunden ist es totenstill im Raum.

»Gut«, beschließt Jerome dann. »Weil ich sicher bin, dass ihr unser geliebtes Wattenmeer genauso schätzt wie ich, treffen wir uns übermorgen früh zum Müllsammeln am Badestrand. Als praktischen Beitrag zum Umweltschutz.«

Marie-Luise starrt Jerome entgeistert an. »Du spinnst wohl?«, ruft sie, springt auf und düst wie eine Rakete aus dem Raum.

An diesem Abend kann Emma nicht einschlafen. So viel geht ihr durch den Kopf:

Die kranke Jolly, der doofe Plastikmüll und die
Polydings-Klamotten. Viola und Emma haben
auch einige davon. Das haben sie sofort im
Kleiderschrank nachgeprüft. Was sollen sie jetzt
damit machen? Hilfe suchend schaut Emma zu
Viola. Aber die schläft schon.

»Was sollen wir denn jetzt tun, Pippi?«,
flüstert Emma in die Dunkelheit. Vage erkennt
sie die Umrisse ihrer Gedankenschwester über
sich an der Wand. »Wegschmeißen etwa? Papa
wird mir was husten.«

Pippi lacht und ihre weißen Zähne leuchten im Mondlicht.

»Ist doch pippileicht«, vernimmt Emma die Antwort in ihrem Kopf. »Irgendwann braucht ihr doch neue Sachen. Dann achtet ihr einfach drauf, dass sie aus Wolle von Bäumen und so sind.«

»Baumwolle wächst doch nicht auf Bäumen«, protestiert Emma leise.

»Klar wächst die auf Bäumen«, beharrt Pippi in Emmas Gedanken. »Wo denn sonst?«

Meer, Müll und Emma in Gefahr

 Beim nächsten Frühstück sitzen Viola und Emma allein am großen Holztisch. Die anderen Stühle bleiben leer.

»Die sind wohl in Hungerstreik getreten«, witzelt Viola.

Emma greift ein Brötchen aus dem Brotkorb und beschmiert es dick mit Senf. »Sollen sie doch«, sagt sie kauend. »Dann esse ich heute vier Brötchen.«

Jerome steckt seinen Kopf durch die Tür, schaut, ob die Luft rein ist, und hockt sich zu den Mädchen an den Tisch. »Mit Marie-Luise gibt es jedes Jahr Ärger«, vertraut er den beiden an. »Nur weil ihr Vater fünf Pferde bei uns eingestellt hat, glaubt sie, dass sie hier machen kann, was sie will. Lassen ihren Müll in der Gegend liegen und meine Schwester ist stundenlang unterwegs und sammelt ihn wieder ein.«

»Deine Schwester?«, fragen Emma und Viola wie aus der Pistole geschossen.

»Sie studiert Meeresbiologie und in den Semesterferien kommt sie oft nach Hause«, antwortet Jerome. »Was dachtet ihr denn?«

Die Freundinnen beißen sich auf die Zunge. Das sagen sie ihm besser nicht.

»Mama will unsere Müllaktion übrigens mit einem Picknick belohnen. Sie findet die Aktion gut«, informiert er die Mädchen. »Sie will nachher dafür einkaufen fahren. Hab ihr Lust, ihr zu helfen? Ein paar Müllsäcke könnten wir auch noch gebrauchen.« Emma und Viola sagen sofort zu. Ein Ausflug in die Stadt ist genau das, worauf sie jetzt Lust haben.

»Tschüss dann, bis später. Ich muss zum Training«, verabschiedet sich Jerome, schnappt sich seine Sporttasche und verlässt den Raum.

Als Emma und Viola ihre vierbeinigen Lieblinge aufsuchen, werden sie freudig begrüßt. Jolly und Riga geht es viel besser.

»Die sind richtige Freundinnen geworden«, stellt Viola fest und hakt sich kumpelhaft bei Emma ein. Dann führen sie die Pferde ein bisschen im Paddock herum. Jolly atmet ruhig und entspannt. Auch nach einigen Minuten ist kein Rasseln und kein Hüsteln zu hören. Emma wird es ganz warm vor Glück. Opa hat also recht gehabt. Erleichtert schaut sie ihrer Jolly in die samtbraunen Augen.

»Sag mal, Viola. Bist du mir böse, wenn ich doch nicht mit einkaufen fahre?«, fragt Emma. »Ich würde Jolly lieber noch ein bisschen am Strand bewegen. Jerome ist bestimmt einverstanden. Der Ausritt gestern hat ihr doch gut getan.«

Da ertönt auch schon dreimaliges Hupen, das vereinbarte Signal zur Abfahrt. »Gar kein Problem«, versichert Viola ihrer Freundin, spurtet los und lässt Emma bei den Pferden zurück.

Emma träumt noch ein bisschen vor sich hin, zufrieden mit sich und der Welt. Dann macht sie Jolly für den Ausritt klar. Jollys Ohren bewegen sich aufmerksam hin und her, auch die Ponydame kann es kaum erwarten.

Auf der Dünenstraße ist wenig los. Ein paar Spaziergänger sind unterwegs, zwei streunende Katzen. Emma reitet gemächlich zum

Reiterstrand. Wieder ist Ebbe. Eigentlich wollte sie ja noch auf den Tidenkalender schauen, aber was soll's. Das Wasser ist noch sehr weit weg, und lange will sie ja nicht bleiben. Jolly scheint den Ausritt zu genießen. Ab und zu senkt sie den Kopf und schnaubt zufrieden ab.

Seit Jeromes Vortrag sieht Emma Plastikmüll mit anderen Augen. Am liebsten würde sie sofort anfangen zu sammeln.

Als sie ein Weilchen geritten sind, stoßen sie auf die angebundenen Pferde der Westernmädchen. Genau wie am Vortag. Emma steigt ab, als der Wind aufböt und ihr eine Ladung Sand ins Gesicht weht. Sie bindet Jolly neben die anderen Pferde und huscht, geduckt wie ein Indianer, in die Dünen. Die Hamburger Mädchen haben es sich wieder nett gemacht. Chips und Limonade gibt es im Überfluss. Und schon wieder liegen die leeren Tüten in der Gegend herum.

Was mach ich jetzt nur, überlegt Emma fieberhaft. Mich mit denen anlegen? Zurückreiten und Jerome informieren?

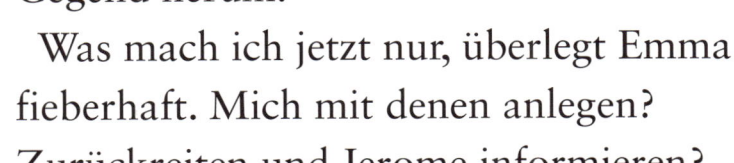

Schließlich sollten die Mädels doch heute den Stallhelfern zur Hand gehen.

Unentdeckt tritt Emma den Rückzug an. Als sie die Dünen verlässt wird sie von einer kräftigen Bö gepackt und fast umgeweht. Sand regnet auf sie herab. Als Emma die Augen wieder aufmacht, kullert eine von Wind geblähte weiße Plastiktüte über den Strand. Sie scheint geradewegs aus den Dünen zu kommen. Warte, dich krieg ich, beschließt Emma und spurtet los. Aber die Tüte ist schneller. Wie ein tanzender Kobold weht sie ins Watt hinaus. Da geht Emma ein Licht auf: Das Ufo vorgestern über dem Wasser, das war eine Plastiktüte! Kurz entschlossen rennt sie in die Dünen zurück und baut sich angriffslustig vor den Mädchen auf.

»Sammelt gefälligst euern blöden Müll ein!«, poltert Emma los. »Oder wollt ihr, dass alles immer dreckiger wird und schlimmer für die Tiere?«

Ohne eine Reaktion abzuwarten, dreht sie um und rennt wieder zurück. Weit hinten im Watt tanzt die Plastiktüte herum. »Fang mich doch!«, scheint sie zu rufen. Emma streift ihre schönen Reiterstiefel ab, krempelt die Hosenbeine hoch und läuft los, fest entschlossen, die Tüte unschädlich zu machen. Da bleibt sie an einem lila Gummilatschen hängen, der hochkant aus dem Sand ragt. Plastik!, denkt Emma. Rupft ihn raus und stopft ihn in die Hosentasche. Als Nächstes findet sie ein kaputtes Fischernetz, das eingespült im Watt steckt. Sie buddelt es frei und schlingt es zu einem Beutel.

Emma läuft weiter durch das nun platschende weiche Watt. Rechts und links von ihr erstrecken sich Priele, die sich am Horizont zu einer riesigen Pfütze vereinen. Da! Schon wieder Plastik! Emma hat nur noch Augen für Müll. Als sie plötzlich bis zu den Waden im Wasser steht, fällt ihr auf, dass sie ganz allein ist. Niemand ist mehr im Watt unterwegs. Und das Ufer liegt in weiter Ferne. Die Pferde sind nicht mehr zu sehen. Am Horizont erstreckt sich nun eine geschlossene Wasserfläche.

Das Meer!, denkt Emma erschrocken. Ihr Herz fängt an zu rasen. Das Meer kommt zurück!

Panisch rennt Emma los. Nur wo ist die richtige Richtung? Da sackt sie in eine Senke und das Wasser reicht ihr bis zum Po. »Hilfe!«, schreit Emma, so laut sie kann. »Ich komm nicht mehr raus!« Muss sie jetzt sterben?

»… Emma!!«, wabert da aus der Ferne eine irgendwie vertraute Stimme herbei. »Emma beweg dich nicht! Bleib, wo du bist! Ich hole dich raus!«

Das ist Jeromes Stimme! Jerome wird sie retten! Jetzt erst sieht Emma die Menschenansammlung weit hinten an den Dünen.

»Warte auf mich, Emma! Ich hole dich!«, schallt erneut Jeromes verzerrte Stimme herbei.

Rettung in letzter Minute

Das Wasser steigt stetig höher. Die Priele hat es
längst verschluckt. Emma steht wie versteinert
da und späht Richtung Dünen. Da, Jerome! Auf
seinem Apfelschimmel bahnt er sich einen Weg
durch die steigende Flut. Als er schon in
greifbarer Nähe scheint, werden Reiter und
Pferd plötzlich vom Wasser geschluckt. Nur
ihre Köpfe sind noch zu sehen. Entsetzt hält
sich Emma eine Hand vor den Mund. Das muss
der gefährliche Priel sein! Aber Jeromes Pferd
 schafft es, nicht mitgerissen zu werden, und
Jerome kann sich sicher an seiner Mähne
halten. Einen Augenblick später haben sie

wieder Boden unter den Füßen. Durch hüfthohes Wasser bewegen sie sich langsam auf Emma zu. Und dann – geschafft! In Windeseile klettert Emma auf den Rücken des Apfelschimmels. Hier ist sie sicher!

Mindestens zwanzig Menschen beobachten die Rettungsaktion vom Strand aus. Eine Journalistin und ein Helfer von der nächsten Rettungsstation sind auch dabei. Von ihm hatte Jerome das Megafon besorgt. Unter Klatschen und Johlen erreichen die beiden auf dem sicheren Pferderücken schließlich trockenen Boden.

Die Journalistin will genau wissen, wie es zu dem Notfall gekommen ist. Aber Emma kann erst mal gar nichts sagen. Dann erzählt sie stockend, wie sie beim Müllsammeln vom Wasser überrascht worden ist. Die Zeitungsfrau schreibt alles auf und macht ein paar Fotos.

»Aber wo kommst du eigentlich her?«, erkundigt sich Emma bei Jerome. »Du warst doch beim Training.«

 »War ich ja auch.« Jerome atmet tief durch. Er ist genauso erleichtert wie Emma. »Meine Mutter hatte von Viola erfahren, dass du ausreiten wolltest. Alleine. Sie war unsicher, ob du auf den Tidenkalender geschaut hast. Und wir haben starken Westwind, da kommt die Flut meistens früher. Deshalb bin ich sofort los. Nenn es siebten Sinn oder so was.«

Emma schaut Jerome dankbar an. Er ist der tollste Junge der Welt. Er hat ihr das Leben gerettet.

Am nächsten Morgen steht alles im Tagesblatt.
Die Mädchen finden die aufgeschlagene
Zeitung auf dem Frühstückstisch. Ein Foto von
Jerome, Apfelschimmel King und Emma ist
auch dabei. Emma steht da wie ein Häufchen
Elend. Als sie das Foto betrachtet, wird sie von
dem schlimmen Erlebnis noch einmal überrollt.
Haltlos schluchzt sie auf. Auch Viola muss
weinen, aber mehr aus Erleichterung, weil alles
gut gegangen ist.

Die Westernmädchen stehen mit hängenden Schultern dabei. Marie-Luise ist diesmal ziemlich kleinlaut. Die Jansens müssen ihr jedoch keine Standpauke mehr halten. Das hat Marie-Luises Vater bereits erledigt. Es war Marie-Luise, die die anderen überredet hatte, das Frühstück zu schwänzen, zu verschwinden und auf den Hofdienst zu pfeifen. Jerome hätte ihnen schließlich gar nichts zu sagen. Sie hat den anderen sogar verboten, ihren Müll aufzusammeln.

Nachdem sich Marie-Luise bei allen entschuldigt hat, muss sie ihre Sachen packen. Ihr Vater hat beschlossen, dass sie noch heute ins Internat zurückmuss. Zur Strafe. Und im kommenden Jahr wird sie auf die Reiterwoche bei den Jansens wohl ganz verzichten müssen.

Erleichtert und zufrieden treten ein paar Tage
später auch Emma und Viola ihren Heimweg
an. Händchen haltend sitzen sie hinter Herrn
Reinhold im Auto. Pünktlich traf er samt
Pferdeanhänger auf dem Hof der Jansens ein.

Die Müllsammelaktion der Kinder war übrigens noch ein richtiger Volltreffer. Da viele Menschen durch die Zeitung davon erfahren hatten, kamen einige Dutzend Helfer zusammen. Nur das Picknick hat nicht für alle gereicht. Aber das konnte ja niemand ahnen.

Emma ist glücklich bis in die Haarspitzen, weil ihre geliebte Jolly wieder richtig gesund ist. Auch Opa Felix muss sich jetzt keine Sorgen mehr machen. Die nächsten Ferienkinder können nun getrost auf den Ponyhof Glücksklee kommen. Emma kann es kaum noch erwarten, den kleinen Glücksstern wiederzusehen. Laut Violas Papa fühlt er sich pudelwohl in der Fohlenherde der Reinholds.

»Weißt du, was?«, flüstert Emma dicht an Violas Ohr. »Jerome will uns in den nächsten Ferien besuchen kommen.« Viola wird rot. Beiden ist natürlich längst klar, dass sie sich in denselben Jungen verknallt haben.

»Soll Jerome denn bei euch schlafen oder bei uns?«, fragt Viola leise.

»Eine Hälfte bei euch und die andere bei uns, ist doch einfach«, antwortet Emma. »Wer oben oder unten kriegt, das losen wir noch aus.«

Teste dein Ponywissen!

In diesem Quiz kannst du einiges Wissenswertes über Ponys erfahren.

Wenn du Hilfe brauchst, schlage auf S. 83 nach. Dort findest du die Lösungen.

Viel Spaß!

1. **Woran erkennt man, dass ein Pferd Atemprobleme hat? Zum Beispiel wegen einer Staub- oder Schimmelpilzsporen-Allergie.**
a) Das Pferd schlägt auffallend häufig mit dem Schweif, um Staub zu wischen.
b) Das Pferd macht pfeifend rasselnde Atemgeräusche, hustet oder atmet schwer.
c) Das Pferd ist weniger leistungsfähig.

2. **Was sollte man tun, wenn ein Pferd Probleme mit der Atmung hat?**
a) Staubarmes, gewässertes Heu füttern.
b) Beim Misten und Einstreuen das Pferd aus dem Stall bringen.
c) Dem Pferd viel Bewegung an der frischen Luft ermöglichen, besonders gut ist Meeresluft.

3. Warum bewegen sich Westernpferde selbstständiger, mit weniger Hilfen und mehr mündlichen Kommandos?

a) Weil sie schlauer und besonders sprachbegabt sind.

b) Weil sie trainiert sind wie die ursprünglichen Arbeitspferde der Cowboys, und Cowboys brauchen eine freie Hand zum Lassowerfen.

c) Weil sie ohne Eltern groß wurden und sehr früh selbstständig werden mussten.

4. Darf man am Meer überall reiten?

a) Ja, weil Pferde den Sand so schön locker machen.

b) Nein, nur auf ausgewiesenen Wegen und Stränden.

c) An der Ostsee ja, an der Nordsee nein.

5. Warum ist für Reiter am Meer der Tidenkalender wichtig?

a) Er zeigt die ungefähren Zeiten von Hoch- und Niedrigwasser, also Flut und Ebbe, an.

b) Darauf sieht man, an welchen Tagen an den Stränden gebadet und an welchen geritten werden darf.

c) Er zeigt an, zu welchen Zeiten man den Pferden besser eine Schwimmweste anlegen sollte.

6. Was brauchen Pferde unter anderem, um sich wohlzufühlen?

a) Ausreichend Bewegung an der frischen Luft.

b) Jeden Tag eine Satteldecke in einer anderen Farbe.

c) Einen Stallnachbarn, mit dem sie sich vertragen.

7. Was ist bei der Entwöhnung eines Fohlens von seiner Mutter wichtig?

a) Jedes Fohlen reagiert anders, das sollte der Pferdehalter im Auge haben.

b) Eine schrittweise Entwöhnung ist grundsätzlich am sinnvollsten.

c) Man lässt das Fohlen vier, fünf Tage alleine in der Box.

d) Eine Herde mit anderen Fohlen, in der sich das Fohlen wohlfühlt, ist nach der Trennung hilfreich.

Lösungen:

Das sind die richtigen Antworten:

1b) und c) / 2a), b) und c) / 3b) / 4b) / 5a) /

6a) und c) / 7a), b) und d)

Linda Schellendorff / Isabelle Metzen
Ponyhof Glücksklee

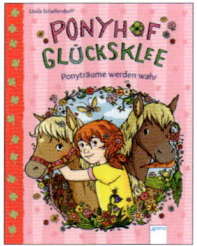

978-3-401-71021-1

Ponyträume werden wahr (Bd. 1)

Emmas Traum wird wahr! Sie und ihre Familie ziehen auf den Ponyhof Glücksklee. Schade ist aber, dass ihre alten Freunde so weit weg sind. Und auf dem Nachbarhof wohnt nur die supergestylte Viola. Als Violas Pferde gestohlen werden und dann auch noch Emmas Lieblingsponys verschwinden, ist die Katastrophe perfekt. Jetzt müssen die Mädchen zusammenhalten. Wird das der Beginn einer neuen Freundschaft?

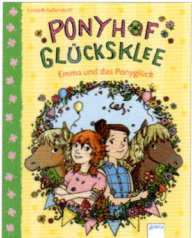

978-3-401-71022-8

Emma und das Ponyglück (Bd. 2)

Emmas Entschluss steht fest: Sie will die alte Stute retten! Zusammen mit ihrer Freundin Viola, ihrer Familie und den Ferienkindern vom Ponyhof Glücksklee organisiert sie ein Spendenfest. Dabei wird ihre Freundschaft zu Viola auf eine harte Probe gestellt. Doch am Ende wartet eine wunderbare Überraschung auf die beiden!

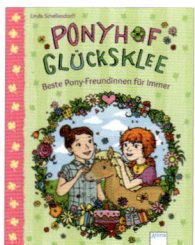

978-3-401-71196-6

Beste Pony-Freundinnen für immer (Bd. 3)

Überraschung! Emma freut sich über Besuch von ihren Freundinnen aus der Stadt, aber ihre neue Freundin Viola fühlt sich wie das fünfte Rad am Wagen. Plötzlich verschwindet auch noch Pony Jolly, und dabei soll ihr Fohlen doch bald geboren werden ... Jetzt müssen die Mädchen beweisen, dass beste Freundinnen immer zusammenhalten!

Arena

Alle Bände auch als Hörbücher
bei Audio Media erhältlich

Jeder Band:
Gebunden
www.arena-verlag.de

Katja Alves
Der Muffin-Club

**Die süßeste Bande
der Welt**
ISBN 978-3-401-70129-5

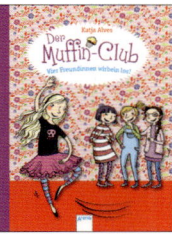

**Vier Freundinnen
wirbeln los!**
ISBN 978-3-401-70130-1

**Beste Freundinnen und
das Super-Kaninchen**
ISBN 978-3-401-70402-9

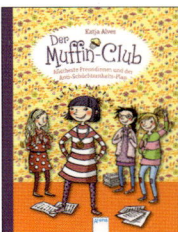

**Allerbeste Freundinnen
und der Anti-
Schüchternheits-Plan**
ISBN 978-3-401-70419-7

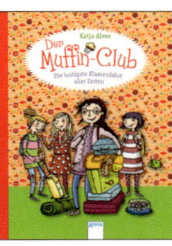

**Die lustigste
Klassenfahrt aller Zeiten**
ISBN 978-3-401-70679-5

**Die süßeste Bande
wird weltberühmt**
ISBN 978-3-401-70683-2

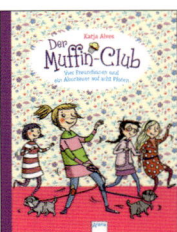

**Vier Freundinnen und
ein Abenteuer auf
acht Pfoten**
ISBN 978-3-401-70919-2

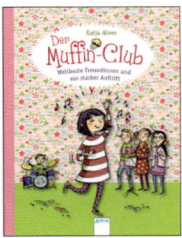

**Weltbeste Freundinnen
und ein starker Auftritt**
ISBN 978-3-401-70920-8

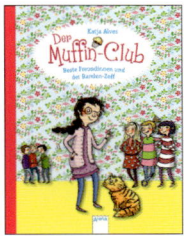

**Beste Freundinnen und
der Banden-Zoff**
ISBN 978-3-401-71006-8

Auch als E-Books erhältlich
Als Hörbücher bei Arena audio

Jeder Band:
Gebunden
Mit Illustrationen
von Elli Bruder
www.arena-verlag.de